구속사 시리즈 1
어린이 공과

창세기의 족보

영유치 0-7세 이야기책

발 간 사

성경은 인류 최고의 베스트셀러이며, 인류의 역사에 가장 많은 영향을 미친 최고의 작품입니다. 수많은 세계적인 고전들 역시 그 근본 사상은 성경에 기초하고 있습니다. 더 나아가 성경은 인류의 구속을 위한 하나님의 말씀입니다. 성경은 성령님의 감동으로 기록된 말씀으로 한치의 오류도 없는 하나님의 말씀입니다(딤후 3:16). 성경만이 타락한 인생들을 하나님의 사람으로 온전하게 만들며 선한 일을 행하도록 온전하게 인도합니다(딤후 3:17).

'구속사 시리즈'를 집필하신 박윤식 목사님은 성경을 평생에 1,800번 이상 정독하신 분으로, 오직 성경을 생명보다 귀하게 사랑하신 분입니다. 그분은 지리산에서 3년 6개월 7일 동안 기도하시면서 하나님의 깊은 은혜를 구하신 분입니다. 그분은 일평생 성경을 연구하면서 받은 신비롭고 오묘한 은혜를 정리하여 '구속사 시리즈'를 완간하였습니다. 이 시리즈는 세계 교회사의 가장 뛰어난 책으로 평가받고 있습니다.

이번에 '구속사 시리즈' 제1권 '창세기의 족보'가 자녀들에게 성경 속 구속사 이야기를 쉽게 가르칠 수 있도록 연령별 어린이용 공과로 발간된 것은 참으로 감개무량한 일입니다. 지금까지 이 훌륭한 교재를 만들기 위하여 수고하신 모든 교역자들과 선생님들께 진심으로 감사를 드리고, 이름도 없이 빛도 없이 뜨거운 헌신을 통해 이 책이 나올 수 있도록 지원을 아끼지 않은 많은 분들께도 깊은 감사를 드립니다. 바라옵기는 이 귀한 책들이 전 세계 어린 영혼들을 하나님의 말씀으로 잘 양육하여 미래 대한민국 뿐만 아니라 전 세계를 이끌고 나갈 위대한 믿음의 지도자들로 성장시키는 하나님의 선한 도구로 쓰임받기를 간절히 소망합니다.

"네 입에 둔 나의 말이 이제부터 영영토록 네 입에서와 네 후손의 입에서와 네 후손의 후손의 입에서 떠나지 아니하리라"(사 59:21)

2020년 7월

평강제일교회 담임목사

Contents

1 하나님이 주신 세 가지 명령

- 읽어 보아요 : 신명기 32장 7절
- 외워 보아요 : 청컨대 너는 옛 시대 사람에게 물으며 열조의 터득한 일을 배울지어다(욥 8:8)
- 핵심 가르침 : 하나님의 말씀을 잘 기억하고 생각하고 묻는 어린이가 되어야 함을 알게 합니다.

하나님은 하늘나라에 들어가고 싶은 어린이들이 꼭 지켜야 할 세 가지 명령을 주셨어요.

첫 번째 명령, **옛날을 기억하라.**

하나님께서 우리를 구원하시기 위해 지금까지 하신 모든 일들이 있어요.

그것을 되새겨서 절대 잊지 말라는 명령이에요.

잘 기억하라고 하나님은 특별한 날과 특별한 물건도 주셨어요.

두 번째 명령, **역대의 연대를 생각하라.**

성경에 나오는 아담, 노아, 아브라함 같은 사람들의 이야기와 날짜 속에는 하나님의 구원 이야기가 아주 자세하게 들어 있어요. 그래서 성경을 열심히 공부하여 그 속에 담긴 하나님의 뜻을 깨달아야 한다는 명령이에요.

세 번째 명령, **네 아비와 어른들에게 물으라.**

하나님의 구원 이야기를 정확히 알려면 아브라함 같은 믿음의 사람들이나 부모님, 하나님의 역사를 교육받은 어른들에게 물어보라는 명령이지요.

우리는 성경을 날마다 열심히 읽고,
또 모르는 것이 있으면 열심히 묻고 생각해서 옛날부터 지금까지 우리를 위해 일하고 계신 하나님의 뜻을 정확히 알고 믿는 어린이가 되어요.

2 하나님의 구속사

- 읽어 보아요 : 에베소서 1장 9-10절
- 외워 보아요 : 영원부터 만물을 창조하신 하나님 속에 감취었던 비밀의 경륜이 어떠한 것을 드러내게 하려 하심이라(엡 3:9)
- 핵심 가르침 : 하나님의 구속사 속에서 우리를 향하신 하나님의 구속 경륜을 생각해 보게 합니다.

사람을 창조하신 분은 하나님이세요.
그런데 사람이 하나님의 말씀을 듣지 않고
죄를 짓고 말았죠.
그때부터 사람은 죄의 종이 되었어요.

"내가 지은 사람이니 값을 치러서라도
반드시 구해 내겠다."
하나님은 사람들을 죄로부터 건져내시려고
계획을 세우셨어요.

그 계획은 **여자의 후손**을 보내시는 것이었죠.

여자의 후손은 바로 **예수님**이세요.

하나님께서 정하신 계획대로

이 땅에 예수님이 오셨고,

예수님께서 십자가에 달려 흘리신 그 피로

우리는 죄에서 자유를 얻게 되었어요.

이제 예수님을 믿는 사람은 누구든지 죄의 종이 아닌
하나님의 아들딸이 될 수 있어요.
이런 사랑과 은혜를 베푸신 하나님께 진심으로 감사해야 해요.
그리고 하나님의 모든 구원 계획이 이루어질 때까지
우리도 하나님과 함께 일해야 해요.

하나님의 구원 계획은 바로 성경 안에 담겨 있어요.
성경을 부지런히 읽고 날마다 기도하는 어린이가 되어요.

3 창세기의 족보

- 읽어 보아요 : 히브리서 11장 7-10절
- 외워 보아요 : 너희 이름이 하늘에 기록된 것으로 기뻐하라 하시니라(눅 10:20 하반절)
- 핵심 가르침 : 하나님을 믿는 믿음의 족보에 이름이 기록되어야 함을 알게 합니다.

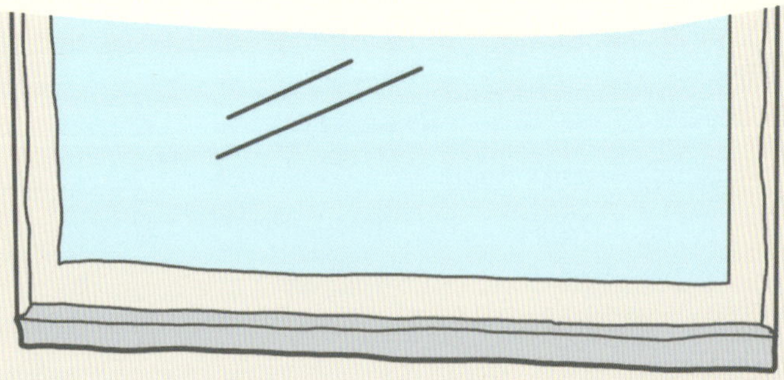

하나님의 구원 계획이 담겨 있는 성경을 읽다 보면 **족보**가 많이 나와요.

족보는 한 가문의 조상과 그 자손들의 이름을 담은 책이에요.

이름에는 그 이름을 지은 아빠, 엄마의 소망도 들어 있고,

그 사람이 어떻게 살았는지, 살았던 때는 어땠는지 나타나지요.

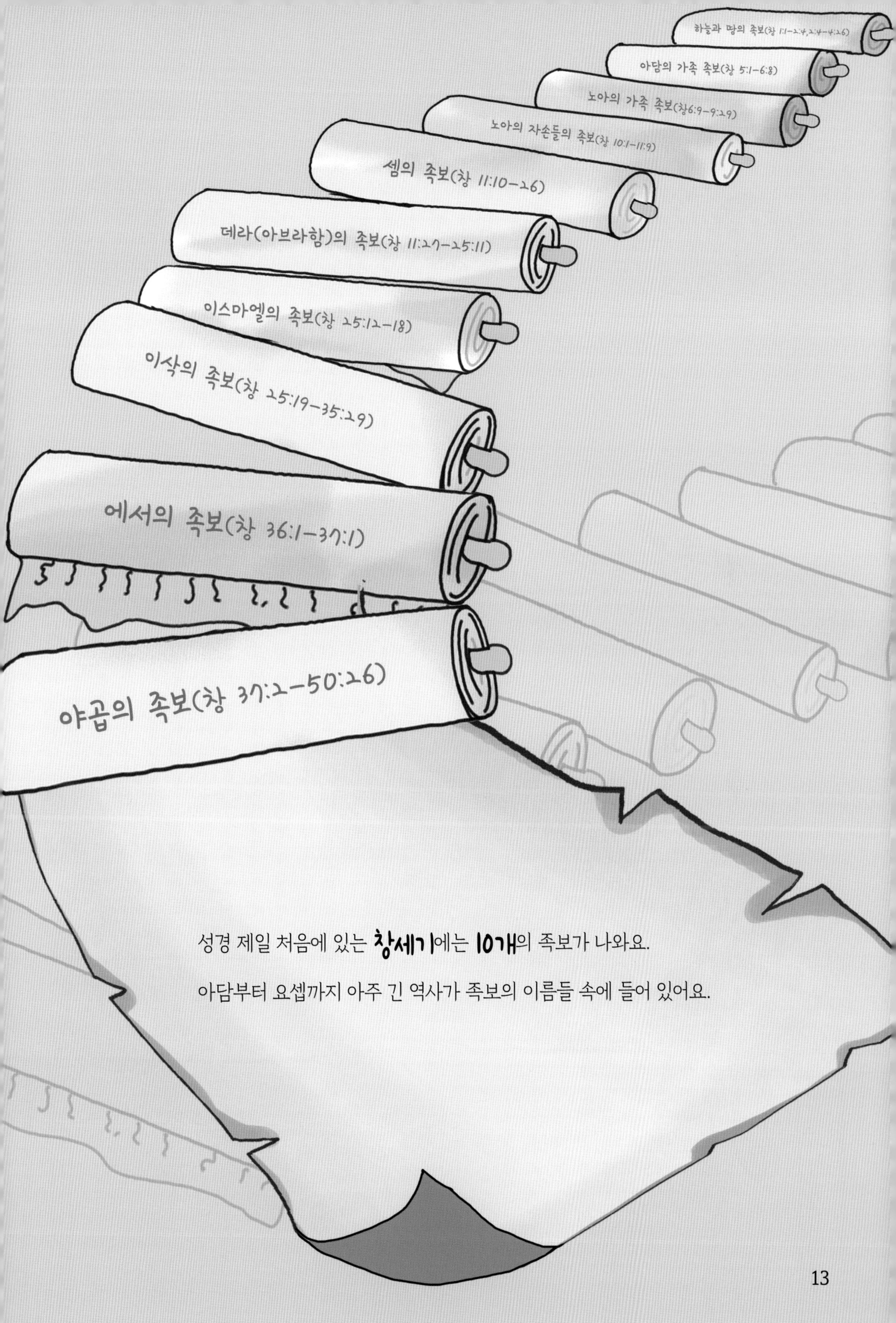

성경 제일 처음에 있는 **창세기**에는 **10개**의 족보가 나와요.

아담부터 요셉까지 아주 긴 역사가 족보의 이름들 속에 들어 있어요.

10개의 족보 중에서 창세기 5장과 11장의 족보는 매우 중요해요.
창세기 5장에는 아담부터 노아까지, 창세기 11장에는
셈부터 아브라함까지 각각 10명의 이름이 기록되어 있어요.
그 이름들 속에는
"우리를 구원하실 메시아가 반드시 오실 거야."
라는 믿음과 소망이 들어있어요.

그 믿음과 소망대로, 하나님의 약속대로
아브라함의 족보를 통해 예수님이 오셨어요.
예수님을 믿고 하나님의 자녀가 된 어린이는
그 이름이 예수님의 족보에 기록되는 축복을 받아요.

4 말씀에 불순종한 아담

- 읽어 보아요 : 창세기 2장 17절, 3장 1-6절
- 외워 보아요 : 마귀로 틈을 타지 못하게 하라(엡 4:27)
- 핵심 가르침 : 하나님의 말씀을 제대로 듣고 제대로 지키는 것이 중요함을 알게 합니다.

창세기 5장의 족보에 나오는 첫 번째 이름은 **아담***이에요.

하나님께서는 흙으로 사람을 지으시고 그 코에 하나님의 **생명의 숨**을 불어넣으셨어요.

그 사람이 바로 아담이죠.

하나님께서는 아담을 에덴동산에 두시고 그 동산을 다스리고 지키게 하셨어요.

*아담 : 사람, 인류, 인간.

하나님께서는 아담에게 명령하셨어요.
"너는 동산에 있는 모든 나무의 열매를
마음대로 먹되,
선악을 알게 하는 나무의 열매는 먹지 말라.
먹는다면 너는 반드시 죽을 것이다."
아담은 아내인 하와에게도
이 말씀을 가르쳐 주었어요.

어느 날, 뱀이 하와에게 다가와서 물었어요.

"하나님이 정말로 동산 안에 있는 어떤 나무 열매도 먹지 말라고 하셨어?"

하와가 뱀에게 대답했어요.

"다 먹어도 되는데 동산 가운데 있는 나무 열매는
먹지도 만지지도 말라고 하셨어. 먹으면 죽을 수도 있대."

그러자 뱀은 하와에게 말했어요.

"아냐, 안 죽어. 그 나무의 열매를 먹으면 하나님같이 된단다."

뱀의 꼬임에 넘어간 하와는 그 열매를 먹고 아담에게 주었고,
아담도 하와가 주는 것을 받아먹고 말았어요.

하나님 말씀을 지키지 않은 아담과 하와는 하나님과 함께 지내던
에덴동산에서 쫓겨나고 말았어요. 예수님께 구원받은 우리는
하나님의 말씀을 잘 듣고 기억해서 말씀대로 지키는 어린이가 되어요.

5 회개한 아담

- 읽어 보아요 : 창세기 3장 15절, 4장 1-2절, 25절
- 외워 보아요 : 너희는 범한 모든 죄악을 버리고 마음과 영을 새롭게 할지어다(겔 18:31 상반절)
- 핵심 가르침 : 회개한 사람을 통해서 하나님의 일이 계속 진행됨을 알게 합니다.

에덴동산에서 쫓겨난 아담과 하와는 가인과 아벨 두 아들을 낳았지요.

"하나님, 말씀에 순종하지 않은 것, 정말 잘못했습니다."

아담과 하와는 **회개**하며 두 아들에게 하나님께 대한 믿음을 가르쳤어요.

하지만 가인은 믿음이 없는 예배를 드렸고,
아벨의 예배만 하나님이 받으시자 화가 나서 동생을 죽이고 말았어요.

그리고 가인은 믿음을 버리고 떠나 버렸죠.

두 아들을 한꺼번에 잃게 된

아담과 하와는 얼마나 슬펐을까요?

“가인아! 아벨아! 흑흑흑.”

그러나 하나님께서는 아담과 하와에게

아벨 대신 다른 아들 **셋**을 주시며

아픈 마음을 위로해 주셨어요.

아담은 930세까지 살면서 자손들에게
자신이 겪은 일들을 모두 알려주었어요.

“내가 살던 에덴동산은 하나님과 함께 사는 기쁘고 즐거운 곳이었어.
그런데 하나님 말씀에 순종하지 않아 쫓겨났지.”

“땅은 저주받아 뾰족한 가시나무들이 자라고,
사람은 땀 흘리며 열심히 일해야만 먹고살 수 있게 되었어.”

"하지만 하나님께서는 모든 죄와 저주에서
우리를 구원할 **여자의 후손**을 보내시겠다고
약속하셨단다."

죄를 지었어도 회개하면
다시 하나님의 말씀대로 살아갈 수 있어요.
내가 잘못한 것을 하나님께 회개하고
말씀대로 사는 어린이가 되어요.

6 가인 자손과 셋 자손의 족보

- 읽어 보아요 : 창세기 4장 1절, 16-24절, 5장 25-26절
- 외워 보아요 : 지혜가 너로 선한 자의 길로 행하게 하며 또 의인의 길을 지키게 하리니(잠 2:20)
- 핵심 가르침 : 가인 자손과 셋 자손의 족보의 차이를 알게 합니다.

가인과 셋 모두 아담의 아들이었지만,

가인과 셋 그리고 그들의 자손이 사는 모습은 완전히 달랐어요.

가인은 동생을 죽였는데, 그 악한 마음이 가인의 자손에게도 이어졌어요.

가인의 자손은 가인처럼 하나님을 떠나 자기 마음대로 살면서 죄를 저질렀어요.
그렇기 때문에 그들이 언제 태어나고 언제 죽었는지
하나님은 기억하지도 않으셨지요.
그러나 하나님의 뜻을 방해한 일들은 기억하시고
반드시 벌을 주셨답니다.

셋과 그의 자손은 아담에게
하나님의 말씀을 배우면서
하나님의 뜻대로 거룩하게
살기 위해 노력했어요.

그래서 하나님은 그들
한 사람 한 사람을 모두
기억하시고 족보에 다 써 두셨어요.
또 하나님께 순종한 일들을
다 기억하시고 축복해 주셨죠.

가인 자손과 셋 자손 중에
똑같은 이름을 가진 사람이 두 명 있어요.

바로 **에녹**과 **라멕**이에요.

가인의 자손 에녹과 라멕은 자기 힘을 믿고 살았고,
셋의 자손 에녹과 라멕은 하나님만 믿고 하나님의 일에 힘쓰며 살았어요.

가인도 셋도 모두 아담에게 하나님의 말씀을 배웠어요.
그러나 가인과 그의 자손은 하나님을 떠나 악한 길로 갔고,
셋과 셋의 자손은 하나님을 믿고 따르는 선한 길로 갔어요.
우리는 선한 길을 걸어감으로 하나님이 기억해 주시는 어린이가 되어요.

7 하나님을 떠난 가인

- 읽어 보아요 : 창세기 4장 1-17절
- 외워 보아요 : 가인같이 하지 말라 저는 악한 자에게 속하여 그 아우를 죽였으니(요일 3:12 상반절)
- 핵심 가르침 : 가인과 같은 잘못된 선택을 하지 말아야 함을 알게 합니다.

가인*은 아담과 하와의 첫째 아들이에요.

"하나님께서 나에게 아들을 주셨구나!"

여자의 후손을 기다리던 아담과 하와는 가인을 낳고 너무 기뻐했어요.

그리고 둘째 아들 **아벨***도 낳았지요.

가인과 아벨은 부모님으로부터 하나님의 말씀을 배우며 자랐어요.

*가인 : 얻었다.
*아벨 : 허무, 공허, 숨(입김).

가인은 자라서 농사짓는 농부, 아벨은 양치는 목자가 되었어요.
그리고 각각 하나님께 제사를 드렸죠.
가인은 농사지은 것을 하나님께 드렸지만
아벨은 양의 첫 새끼 중 제일 좋은 것을 하나님께 드렸어요.

하나님께서는
믿음으로 드린 아벨과
아벨의 제사만 받으시고,
믿음이 없는 가인과
가인의 제사는 받지 않으셨어요

가인은 몹시 화가 났어요. 하나님은 가인에게

"네가 왜 화를 내느냐? 죄가 네 마음속에 들어가려고 하니 죄짓지 않게 조심해."

라고 주의를 주셨어요.

그러나 가인은 아벨을 들로 데리고 나가 죽이고 말았어요.

마귀가 좋아하는 죄를 짓고 마귀 편이 되어버린 거예요.

가인은 하나님을 **떠나게** 되었죠.

가인은 믿음 없는 예배를 드렸고,

하나님의 경고를 들었을 때 무시했어요.

우리는 아벨처럼 하나님께서 기뻐하시는

믿음의 예배를 드리고

하나님의 말씀대로 순종하는 어린이가 되어요.

8 가인의 자손, 에녹과 이랏

- 읽어 보아요 : 창세기 4장 16-18절
- 외워 보아요 : 이제 너희가 허탄한 자랑을 자랑하니 이러한 자랑은 다 악한 것이라(약 4:16)
- 핵심 가르침 : 무슨 일을 하든 하나님 안에서 이루어가는 것이 중요함을 알게 합니다.

하나님을 떠난 가인은 에덴동산 동쪽 **놋** 땅에 살았어요.

얼마 후 가인의 아내가 아들을 낳았어요.

"네 이름은 **에녹***이다. 유명한 사람이 되거라.

하나님 없이도 얼마든지 잘 살 수 있다는 걸 사람들에게 보여줘."

가인은 자기 아들 에녹이 하나님 없이도 성공할 수 있기를 바랐어요.

*에녹 : 바침(봉헌된 자), 시작, 선생.

가인은 놋 땅에 큰 성을 쌓고 아들의 이름을 붙여 **에녹성**이라고 했어요.

가인과 에녹은 에덴동산과 같은 화려한 도시를 세우고 싶었죠.

에녹의 이름은 사람들 사이에 점점 유명해졌지요.

그러나 성경에는 에녹이 무슨 일을 했는지 전혀 쓰여 있지 않아요.

하나님과 상관없는 일들은 하나님께서 기억하시지 않기 때문이죠.

에녹도 아들을 낳고, **도망자**라는 뜻의 **이랏**이라고 이름을 지었어요. 이랏은

“하나님이 어디 있어? 우리가 뭘 하는지 하나님은 모를 걸?”

이라 말하고 하나님을 피해 도망 다니며 온갖 죄를 저질렀어요.

하지만 하나님은 사람의 행동과 말, 마음, 생각까지 모두 알고 계시는 분이에요.

우리는 아무리 작은 일이라도 먼저 하나님께 기도하고 시작해야 해요.

그럴 때 하나님이 기뻐하시고 인정하시는 일이 될 수 있어요.

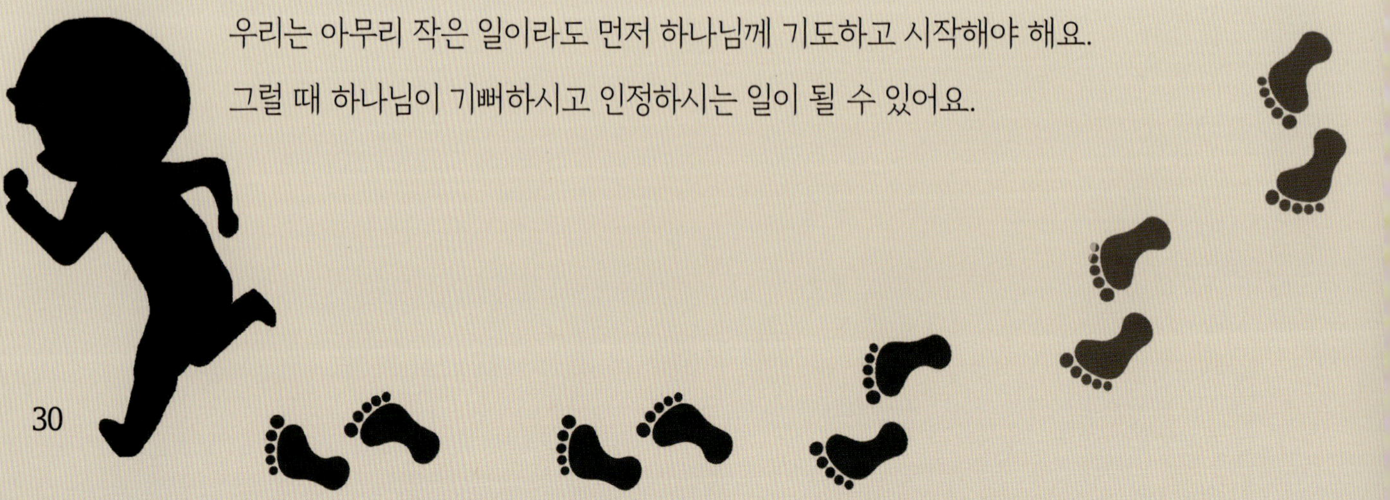

9 가인의 자손, 므후야엘과 므드사엘

- 읽어 보아요 : 창세기 4장 18절
- 외워 보아요 : 무릇 하나님의 영으로 인도함을 받는 그들은 곧 하나님의 아들이라(롬 8:14)
- 핵심 가르침 : 하나님을 떠나 살면 지옥의 사람이 되고, 하나님과 함께 살면 하나님의 사람이 된다는 것을 알게 합니다.

이랏의 아들은 **므후야엘**이에요.

므후야엘은 **하나님께서 흔적도 없이 쓸어버린 사람**이라는 뜻이에요.

그는 하나님 믿는 사람들을 괴롭히고 하나님의 말씀에 도전했어요.

또 항상 악한 생각만 했지요.

그래서 하나님은 빗자루로 먼지를 쓸어버리듯 므후야엘을 완전히 쓸어버리셨어요.

므후야엘은 **므드사엘**이라는 아들을 낳았어요.
므드사엘의 이름은 두 가지 뜻이 있어요.

하나는 **지옥의 사람**,
다른 하나는 **하나님의 사람**이에요.
하나님을 떠나 살면 지옥의 사람이 되고,
하나님과 함께 살면 하나님의 사람이 되는 것이지요.

그럼 므드사엘은 지옥의 사람이었을까요,
하나님의 사람이었을까요?

므드사엘의 아들 라멕은 동생을 죽인 가인보다 훨씬 더 악한 살인자가 되었어요.
므드사엘의 아버지도 므드사엘의 아들도 악하게 살았던 것을 보면,
므드사엘 역시 하나님을 떠나 지옥의 사람이 되었을 거예요.

하나님을 떠났다 하더라도 회개하고 돌아와
하나님과 함께 살면 하나님이 사람이 될 수 있어요.
우리를 잡아주시는 하나님의 손을 놓치지 말고
하나님의 사람으로 사는 어린이가 되어요.

10 가인의 자손 라멕

- 읽어 보아요 : 창세기 4장 18-24절
- 외워 보아요 : 악인은 풀같이 생장하고 죄악을 행하는 자는 다 흥왕할지라도 영원히 멸망하리이다 (시 92:7)
- 핵심 가르침 : 세상에서 크게 성공해도 하나님을 떠나면 하나님께서 기억하시지 않는다는 것을 알게 합니다.

라멕은 므드사엘의 아들로 **강하다**는 뜻이에요.

"너, 내 말 안 들으면 가만 안 둬!"

라멕은 자기 힘만 믿고 다른 사람들을 괴롭히고 겁주면서 자기가 하고 싶은 대로 했어요.

또 자신에게 조그만 상처를 입힌 소년을 죽이고

자랑하는 노래를 부를 만큼 생명을 우습게 여겼어요..

라멕에게는 아다와 씰라라는 두 명의 아내가 있었죠.
아다는 하루 종일 거울만 보며 예쁘게 꾸미기만 했고,
씰라는 "우리 남편 라멕이 하는 일은 다 옳아요. 우리 남편 최고!"
라고 하며 라멕이 아무리 나쁜 짓을 해도 칭찬만 했어요.

라멕은 세 아들과 딸이 하나 있었어요.
아다가 낳은 야발은 가축을 사고파는 일을 했어요.
야발의 동생 유발은 수금과 퉁소를 부는 음악가가 되었지요.
씰라의 아들 두발가인은 쇠로 날카로운 도구를 만드는 대장장이었어요.
두발가인의 여동생 나아마는 아주 빼어난 미인이었어요.

이렇게 라멕의 아들딸들은 뛰어난 재주를 가지고
큰 부자가 되고 사람들에게 칭찬을 받았지만,
그들 마음속에는 하나님이 없었어요.
하나님도 더는 라멕 자손들의 이름을 성경에 기록하지 않으셨어요.
우리는 하나님께서 주신 힘과 재주로 하나님이 기뻐하시는 일을 하고
하나님의 족보에 영원히 기록되는 어린이가 되어요.

11

아벨 대신 주신 아들 셋

- 읽어 보아요 : 창세기 5장 6-8절
- 외워 보아요 : 보라 내가 한 돌을 시온에 두어 기초를 삼았노니 곧 시험한 돌이요 귀하고 견고한 기초 돌이라(사 28:16 중반절)
- 핵심 가르침 : 다시 오실 주님을 맞이하기 위해 굳센 믿음을 가져야 함을 알게 합니다.

하나님은 가인이 죽인 아벨을 대신해서 아담에게 셋을 주셨어요.

셋은 **대신한 자, 고정된 자, 기초**라는 뜻이에요.

셋은 하나님의 형상대로 지음받은 아담을 쏙 빼닮았지요.

그때 아담의 나이는 130세였어요.

아담은 셋을 통해서
예수님이 오실 것을
확실히 믿었는데,
예수님은 보통 사람과 다르게
성령으로 잉태된 **다른 씨**로 오셨지요.

또한 하나님은 셋이 믿음에 굳게 서서

예수님이 오시는 단단한 **기초**가 되길 바라셨어요.

그리고 마침내 하나님의 뜻대로
이 땅에 예수님이 오셨어요.

셋처럼 우리도 하나님을 잘 믿어
다시 오실 예수님의 길을 굳건히 하는
어린이가 되어야겠어요.

12 예배드림으로 믿음의 터를 넓힌 에노스와 게난

- 읽어 보아요 : 창세기 5장 9-14절
- 외워 보아요 : 아버지께서는 이렇게 자기에게 예배하는 자들을 찾으시느니라(요 4:23 하반절)
- 핵심 가르침 : 하나님만을 의지하고 예배드릴 때 믿음의 터가 넓어진다는 것을 알게 합니다.

셋은 105세에 아들 에노스를 낳았어요.

에노스는 **연약한 사람**이라는 뜻이에요.

"죄의 유혹을 이기기에 사람은 너무나 약하기만 하구나!"

셋은 이것을 깨닫고 아들의 이름을 에노스라 지은 것이지요.

"내가 다 할 수 있어."

가인의 자손들은 교만하여 하나님을 의지하지 않았어요.

그러나 에노스와 경건한 셋의 자손들은

"하나님, 이 죄를 제 힘으로는 도저히 이길 수 없으니 제발 도와주세요."

하면서 하나님께 예배를 드렸어요.

에노스는 90세에 게난을 낳았어요.

게난은 **뜻밖에 얻은 아들, 광대한 소유**라는 뜻이에요.

"게난, 너는 하나님께서 내게 주신 기쁨의 선물이란다."

에노스는 게난을 통해서 예수님이 이 땅에 오셔서
아담의 죄 때문에 잃어버린 모든 것을 되찾아 주시기를 간절히 바랐어요.
그만큼 셋 자손들의 믿음이 더욱 넓어진 것이지요.

우리도 에노스와 게난처럼 하나님만을 믿고 의지하는 예배를 드려서
다시 오실 주님을 맞이할 수 있을 만큼 넓은 믿음을 갖는 어린이가 되어요.

13 찬송하는 마할랄렐, 내려온 자 야렛

- 읽어 보아요 : 창세기 5장 15-20절
- 외워 보아요 : 그리스도의 말씀이 너희 속에 풍성히 거하여 모든 지혜로 피차 가르치며 권면하고 시와 찬미와 신령한 노래를 부르며 마음에 감사함으로 하나님을 찬양하고(골 3:16)
- 핵심 가르침 : 하나님을 찬양하면서 믿음을 이어나가야 함을 알게 합니다.

"하나님, 죄악 많은 세상 속에서 지켜주셔서 감사합니다.
하나님, 찬양합니다."

게난은 70세에 아들을 낳고 **하나님을 찬양하라**는 뜻으로 **마할랄렐**이라고 이름지었어요.
하나님을 찬양할 때 하나님은 영광받으세요.

이스라엘 12지파 중에 **유다** 지파가 있어요.

유다는 마할랄렐과 같은 뜻의 이름이에요.

찬양받기에 마땅하신 예수님이 바로 이 유다 지파에서 나셨어요.

마할랄렐은 야렛을 65세에 낳았어요.

"아들아, 네 이름은 **내려온다**라는 뜻의 **야렛**이다.

여자의 후손이 이 땅에 내려오셔서

우리를 구원해 주셨으면 좋겠구나."

야렛도 아버지 마할랄렐에게 물려받은 믿음을

자손들과 이웃사람들에게 전해 주었어요.

하나님께서 약속하신 여자의 후손은 바로 예수님이에요.
예수님은 사람들의 죄를 용서해 주시기 위해 하늘 영광을 버리고
사람의 모습으로 이 땅에 내려오셨어요.

예수님을 보내주신 하나님께 감사하며
우리도 마할랄렐과 야렛처럼 늘 하나님을 찬양하는 어린이가 되기로 해요.

14 하나님과 동행한 에녹

- 읽어 보아요 : 창세기 5장 21-24절, 히브리서 11장 5절
- 외워 보아요 : 에녹이 하나님과 동행하더니 하나님이 그를 데려가시므로 세상에 있지 아니하였더라 (창 5:24)
- 핵심 가르침 : 에녹처럼 하나님과 동행하면 우리도 죽지 않고 변화해서 하늘나라에 갈 수 있음을 알게 합니다.

에녹*은 야렛의 아들이에요.

65세에 아들을 낳을 때, 하나님께

"네 아들이 죽으면 홍수로 이 죄악 세상을 심판할 것이다."

라는 말씀을 받았어요.

*에녹 : 바침(봉헌된 자), 시작, 선생.

이 말씀을 들은 에녹은 그때부터

자그마치 **300년** 동안 하나님과 **동행**했어요.

먼저 자신이 지은 죄를 하나님 앞에 회개했어요.

그리고 매일 기도하며 하나님의 말씀을 전했지요.

“여러분, 주님께서 오십니다.

그때 우리가 저지른 악한 일들과 악한 말들을 심판하실 거예요.”

에녹은 두려운 마음으로
하나님 말씀을 지키며 경건하게 살았어요.
이런 에녹의 믿음을 보신 하나님은
너무나 기뻐하셨어요.
그래서 그를 산 채로 하나님 나라에 데려가셨어요.
그때 에녹의 나이는 365세였어요.

우리도 하나님의 말씀을 그대로 믿고
하나님과 함께함으로 에녹처럼
죽지 않고 살아서 하나님 나라에 가는 어린이가 되어요.

15 가장 오래 산 므두셀라

- 읽어 보아요 : 창세기 5장 25-27절
- 외워 보아요 : 오직 너희를 대하여 오래 참으사 아무도 멸망치 않고 다 회개하기에 이르기를 원하시느니라(벧후 3:9)
- 핵심 가르침 : 하나님께서는 지금도 우리가 회개하고 구원받기까지 오래 참고 기다리신다는 것을 알게 합니다.

므두셀라는 에녹이 65세에 낳은 아들이에요.

므두셀라는 **창을 던지는 사람, 그가 죽으면 끝이 온다**는 뜻이에요.

므두셀라가 태어날 때 하나님께서 에녹에게

세상을 심판하겠다고 말씀하셨기 때문에 이름을 그렇게 지은 것이지요.

하나님은 죄악이 넘쳐나는 세상을
당장이라도 심판하실 수 있었어요.
그런데 므두셀라가 산 969년 동안
하나님은 심판을 미루셨지요.
한 사람이라도 더 회개하기를 바라셨기 때문에
하나님은 오래 오래 참고 기다리고 또 기다리셨어요.

하나님은 므두셀라의 손자 노아에게 방주를 짓게 하셨고,
므두셀라는 노아를 도왔어요.

마침내 방주가 완성되었을 때 므두셀라는 **969세**로 죽었어요.
그리고 바로 **홍수 심판**이 시작되었지요.
므두셀라 이름의 뜻 그대로 된 것이에요.

하나님께서는 한 사람이라도 더 회개하고 구원받기를 원하세요.
하나님께서 참고 기다려주실 때에 회개하여
하나님의 구원을 선물로 받는 어린이가 되어요.

16 아담과 56년 함께 산 라멕

- 읽어 보아요 : 창세기 5장 28-31절
- 외워 보아요 : 주의 종에게 하신 말씀을 기억하소서 주께서 나로 소망이 있게 하셨나이다 (시 119:49)
- 핵심 가르침 : 라멕처럼 하나님의 약속을 기억하고 그 약속을 따라 살아야 함을 알게 합니다.

므두셀라는 187세에 아들 라멕을 낳았어요.

라멕은 **능력 있는 자**라는 뜻이에요.

가인의 자손 라멕은
자신의 힘만 믿고 사람들을 괴롭혔지만,
므두셀라의 아들 라멕은
하나님의 힘과 능력을 믿고
기도하는 사람이었어요.

라멕은 **아담**과 **56년** 동안 함께 살았어요.

"에덴동산에서 하나님과 함께 있었을 때는 기쁘고 평화로웠어.
열매도 마음껏 따먹었지. 하지만 죄지은 다음부터는
땀 흘려 일하지 않으면 열매를 얻을 수 없어.
그러나 라멕아, 꼭 기억하렴.
여자의 후손을 보내서 우리를 죄에서 구원하고
영원한 안식을 주시겠다는 하나님의 약속을 말이야."
라멕은 그 약속이 이루어지기를 소망하며 아들의 이름을
안식이라는 뜻의 **노아**라고 지었어요.

라멕은 하나님의 말씀을 기억하며 그 말씀을 이루기 위해 열심히 살았어요
노아가 방주 짓는 일을 도왔고 홍수가 나기 5년 전,
777세에 하나님 나라에 들어갔어요.

라멕은 아담, 에녹, 므두셀라와 같은 믿음의 어른들에게
하나님의 말씀을 듣고, 들은 대로 믿고, 그대로 살았어요.
우리도 믿음의 어른들이 알려준 하나님의 말씀을 믿고,
그 말씀을 따라 사는 어린이가 되어요.

17 의로운 노아

- 읽어 보아요 : 창세기 5장 32절, 6장 9-10절, 7장 6절, 9장 28-29절
- 외워 보아요 : 생명으로 인도하는 문은 좁고 길이 협착하여 찾는 이가 적음이니라(마 7:14)
- 핵심 가르침 : 많은 사람들이 가는 잘못된 길에서 벗어나 하나님께 인정받는 믿음의 길을 가야 함을 알게 합니다.

라멕은 182세에 아들을 낳고, 그 이름을 **노아***라고 지었어요.

“노아는 하나님께서 저주하신 땅에서 수고하며 고통스럽게 일을 하는 우리를 **위로**해 줄 거야.”

*노아 : 안식, 휴식, 위로.

"하나님? 웃기시네. 나는 내 맘대로 살 거야. 하나님 따위는 필요 없어."
노아 때 사람들은 하나님께 악을 행했고
온 땅은 폭력으로 가득 찼어요.
자기 맘에 들지 않으면 너무나 쉽게 남을 해치고 때리고 남의 것을
빼앗았어요. 하나님께서 사람을 만드신 것을 후회하실 정도였죠.
그러나 노아만은 하나님께서 보실 때 의롭게,
하나님의 말씀대로 살았어요.

노아는 죄로 가득한 이 땅에서 경건한 자손을 낳기 위해 기도하며 고민했어요.
"하나님, 세상은 죄로 가득합니다. 가득하다 못해 찰찰 차고 넘칩니다.
어떻게 하면 믿음을 지키는 아이들로 키울 수 있을까요?"
그래서 노아는 500세가 넘어서야 세 명의 아들을 낳았지요.

지금도 많은 사람들이 죄를 지으며 살아요.
내 맘, 내 생각대로 사는 것은 쉽기 때문이죠.
반대로 하나님 말씀대로 사는 것은 사람들이 잘 하려고 하지 않아요.
내가 하고 싶은 것도 참아야 하니까요.
그러나 노아처럼 어렵더라도 하나님의 말씀을 따라 살 때
하나님께 인정받는 어린이가 될 수 있어요.

18 방주 지은 노아

- 읽어 보아요 : 창세기 6장 11-13절, 7장 11-13절
- 외워 보아요 : 내가 또 저로 장자를 삼고 세계 열왕의 으뜸이 되게 하며(시 89:27)
- 핵심 가르침 : 말씀에 집중하여 즉시 순종할 때, 언제 어디서나 구속 역사의 주인공이 된다는 것을 알게 합니다.

하나님께서는 이 세상을 물로 심판하기로 결정하셨어요.

하나님은 노아에게 말씀하셨어요.

"노아야, 죄로 차고 넘치는 이 세상을 더는 두고 볼 수가 없구나.

땅 위의 모든 것을 쓸어버리겠다.

너는 잣나무로 배를 만들고 네 가족들과 동물들 한 쌍씩 데리고 들어가라."

노아는 하나님 말씀에 즉시 순종했어요.
그때 노아의 세 아들들은 결혼해서 아내가 있었어요.
그래서 노아, 노아의 아내, 세 아들과 그 아내들까지
8명이 다 같이 **방주***를 지었어요.
방주를 완성하는 데 무려 **70-80년**이 걸렸어요.

*방주 : 네모진 모양의 배.

드디어 방주가 완성되자 노아 600세 2월 10일,
하나님은 노아 가족에게 방주에 타라고 명령하셨죠.
그리고 7일 뒤 홍수가 온 땅을 뒤덮었고,
노아와 함께 방주 안에 있던 것들만 살아남았어요.
홍수 심판이 끝나고, 하나님은 노아 가족에게 구름 속 무지개를 보여 주시며
다시는 물로 심판하지 않겠다는 약속을 하셨어요.

노아는 방주를 지으라는 하나님의 말씀에 가족 모두를 이끌고 즉시 순종했어요.
그리고 하나님께서 주신 새로운 세상의 주인공이 되었지요.
우리도 노아처럼 하나님 말씀을 끝까지 믿고 순종하는 어린이가 되어야겠어요.

19 하나님의 이름을 높인 셈

- 읽어 보아요 : 창세기 11장 10-11절
- 외워 보아요 : 그를 높이라 그리하면 그가 너를 높이 들리라 만일 그를 품으면 그가 너를 영화롭게 하리라(잠 4:8)
- 핵심 가르침 : 하나님의 이름을 높여 드릴 때, 하나님께서 우리의 이름을 높여주심을 알게 합니다.

노아의 세 아들 중 첫째 아들은 **셈***이에요.

"셈, 네가 무엇을 하든지 하나님의 이름을 높이는 사람이 되어라."

노아는 셈이 하나님께 영광 돌리는 사람이 되기를 바랐어요.

*셈 : 이름, 명예, 명성.

셈은 노아와 함께 방주를 지었고
하나님께서 홍수로 세상을 심판하는 것도 직접 보았어요.
그래서 자신이 본 모든 것을 자손들에게 알려 주었지요.
"셈 할아버지도 홍수가 났을 때 있었어요?"
"그럼. 노아 할아버지랑 방주도 지었지.
우리가 다 타고 방주 문이 닫히자
큰 비가 쏟아지는데,
우와! 정말 어마어마했단다."

노아는 셈에게

“셈의 하나님을 찬양하여라.”라고 축복해 주었어요.

노아는 셈의 자손을 통해 하나님의 이름이 알려지고

찬양을 받으신다는 것을 믿음으로 보았기 때문이에요.

그 축복대로 셈의 자손인 아브라함을 통해 예수님이 이 땅에 오셨어요.

하나님의 이름을 높이면 하나님께서도 우리의 이름을 높여 주세요.

하나님의 이름을 높이며 사는 어린이가 되어요.

20 믿음의 땅을 넓혀 나간 아르박삿과 셀라

- 읽어 보아요 : 창세기 11장 12-15절
- 외워 보아요 : 너는 말씀을 전파하라 때를 얻든지 못 얻든지 항상 힘쓰라(딤후 4:2 상반절)
- 핵심 가르침 : 말씀을 부지런히 전해서 하나님의 영역을 넓혀가야 함을 알게 합니다.

셈에게는 여러 명의 아들이 있었지만,

셈의 믿음을 이어받은 아들은 셋째 아들 **아르박삿***이에요.

첫째 아들 엘람과 둘째 아들 앗수르는 믿음을 지키지 못하고

하나님을 대적하는 사람들 편에 섰기 때문이지요.

*아르박삿 : 영역.

"노아야, 방주에서 나가거든 생육하고 번성하며 땅을 정복하여라."

홍수 후 하나님은 노아에게 축복하셨어요.

하나님의 축복대로 노아의 손자 아르박삿은 믿음의 땅을 넓혀 나가며 살았어요.

아르박삿은 35세에 아들 **셀라***를 낳았어요.

"이 **햇가지**를 보렴. 아직은 작지만 곧 쑥쑥 자라나 큰 가지가 될 거야.
셀라 너도 아직은 어리지만 무럭무럭 자라
하나님의 말씀을 온 세상에 전하는 사람이 되렴."

우리도 비록 작고 어리지만 안 믿는 가족과
친구들에게 하나님의 말씀을 전해 보아요.
분명히 하나님의 나라가 더욱 넓어지는 놀라운 일이 일어날 거예요.

*셀라 : 보냄을 받은 자, 햇가지, 확장.

21 강을 건너온 에벨

- 읽어 보아요 : 창세기 10장 25절, 11장 16-17절
- 외워 보아요 : 나의 하나님이여 나를 악인의 손 곧 불의한 자와 흉악한 자의 장중에서 피하게 하소서 (시 71:4)
- 핵심 가르침 : 죄악된 자리에서 떠나 하나님만을 의지할 때, 나의 하나님이 되어주심을 알게 합니다.

점점 더 많은 사람들이 하나님을 멀리하고 믿지 않았어요.

"다시는 하나님이 물로 심판하지 못하게 하늘 높이 탑을 쌓읍시다!"

하나님을 대적하는 바벨탑 쌓는 일에 믿음의 자손들조차 함께했어요.

"안 돼. 하나님을 배신할 수 없어."

셀라의 아들 **에벨***은 믿음을 지키기 위해 유브라데**강을 건너** 동쪽으로 옮겨갔어요.

*에벨 : 건너온 자.

이렇게 믿음을 지킨 에벨을

하나님은 무척 기뻐하셨어요.

"셈의 믿음을 이어받은 에벨아,

이제부터 나는 에벨 자손의 하나님이다."

셈의 하나님이

에벨의 하나님이 되어주셨어요.

그런데 에벨의 자손인 **아브라함**도 에벨과 똑같은 일을 했어요.
바로 믿음을 지키기 위해 우상을 섬기던 고향을 떠나
유브라데**강을 건너** 하나님이 가르쳐 주신 땅으로 간 것이지요.
하나님은 말씀대로 순종하며 사는 아브라함에게
아브라함의 하나님이 되어주셨어요.

우리도 에벨처럼 죄짓는 자리를 떠나 믿음을 지키려 애쓰고 노력하여
하나님께서 각자 나의 하나님이 되어 주시는 축복을 받아야겠어요.

22 바벨탑을 쌓은 벨렉

- 읽어 보아요 : 창세기 10장 25절, 11장 18-19절
- 외워 보아요 : 너희는 믿지 않는 자와 멍에를 같이 하지 말라 의와 불법이 어찌 함께하며 빛과 어두움이 어찌 사귀며(고후 6:14)
- 핵심 가르침 : 하나님의 구원을 받은 사람은 세상과 구별된 생활을 해야 함을 알게 합니다.

"사람은 참 어리석구나.
홍수 심판 당한 지 이제 100년 정도인데 이렇게 금방 잊고 다들 죄에 빠지다니...!
벨렉아, 너는 거룩한 사람이 되어야 한다."

에벨은 아들 **벨렉***이 죄에서 **멀리 떠나** 거룩하게 살아가기를 바랐지요.

*벨렉 : 나뉨, 분리, 분열.

그러나 벨렉은 에벨의 바람대로 살지 못했어요.

오히려 **바벨탑**을 쌓는 일에 앞장섰던 힘 센 니므롯을 도와주었지요.

하나님을 멀리 떠나 죄악 세상에서 살아가기를 선택한 것이에요.

이렇게 믿음을 지키지 못하고 죄짓는 일에 동참한 벨렉은 어떻게 되었을까요?

조상들보다도 먼저 죽고 말았어요.

홍수 이후 노아, 셈, 아르박삿, 셀라, 에벨은 모두 건강하게 살아 있었는데도 말이죠.

벨렉은 하나님의 심판을 받은 것이에요.

우리는 하나님의 구원을 받은 믿음의 자녀로서 세상과 구별되어 사는 어린이가 되어요.

23 세상을 친구 삼은 르우와 스룩

- 읽어 보아요 : 창세기 11장 20-23절
- 외워 보아요 : 너희가 나의 명하는 대로 행하면 곧 나의 친구라(요 15:14)
- 핵심 가르침 : 하나님의 친구가 되는 것이 가장 강한 힘을 갖는 것임을 알게 합니다.

바벨탑을 쌓을 때 사람들은 같은 말을 쓰고 있었죠.

말이 잘 통하니까 바벨탑 쌓는 일도 아주 쉬웠어요.

이것을 보시고 하나님은 말이 서로 다르게 뒤섞으셨어요.

"망치 좀 줘." "벽돌 달라고?"

말이 통하지 않게 되자 사람들은 사방으로 흩어졌어요.

그런데 **르우***는 하나님을 찾지 않고 말이 통하는 사람들을 찾아

그들과 **이웃**이 되고 **친구**가 되어 살았지요.

*르우 : 친구, 이웃.

말이 달라지고 사방으로 흩어지게 된 것은
하나님이 하신 일이었는데도 사람들은
하나님께 돌아가지 않았어요.
오히려 마음에 맞는 사람들끼리 모여
스스로를 지키겠다며 힘을 키웠어요.

르우의 아들 **스룩***도 하나님의 뜻과 상관없이
하나님께서 주시는 힘을 구하지 않고
스스로 힘을 키우고 활로 무장했지요.

*스룩 : 덩굴손, 매우 단단한 힘, 활.

그러나 최고의 친구는 오직 하나님뿐이세요.
하나님을 의지하면 하나님이 우리의 친구가 되어 주시고
강한 힘과 능력으로 우리를 지켜주시지요.

하나님의 말씀에 귀를 기울이고 기도하면서
하나님의 특별한 친구가 되는 어린이가 되어요.

24 세상이 먼저였던 나홀과 데라

- 읽어 보아요 : 창세기 11장 24-32절
- 외워 보아요 : 또한 그가 만물보다 먼저 계시고 만물이 그 안에 함께 섰느니라(골 1:17)
- 핵심 가르침 : 세상의 어떤 것보다도 하나님이 항상 '먼저'임을 알게 합니다.

스룩의 아들은 **나홀***이에요.

"나는 무슨 일이 있어도 최고가 될 거야."

나홀은 성공하려는 욕심으로 가득 차 **헐떡대며** 몹시 바쁘게 살았어요.

하나님을 믿는 척만 했지, 하나님과 완전히 멀어졌지요.

*나홀 : 콧김을 뿜다, 헐떡거리다.

"난 이제 부자다, 부자!"

세상 모두를 다 가진 것 같던 나홀이 어느 날 갑자기 죽었어요.

믿지 않는 사람보다 더 욕심 부리며 악하게 살던 나홀에게

하나님께서 저주를 내리신 것이에요.

나홀의 아들은 **데라***예요.
데라는 노아, 셈, 에벨의 자손으로 훌륭한 믿음을 물려받은 집안에서 태어났죠.
그러나 그는 조상이 물려준 믿음은 다 잊어버리고
갈대아 우르에서 우상을 섬기며 살았어요.

*데라 : 체류하다, 지체하다.

“아버지, 하나님이 여기를 떠나라고 하셨어요.”
데라는 아브라함에게 하신 하나님의 말씀을 듣고
아브라함과 함께 갈대아 우르를 떠났어요.
그러나 살기 좋은 하란에 도착하자
데라의 마음이 변했어요.
“아버지, 다시 가요.”
“아브라함아, 며칠만 더 있다 가자.”
데라는 하나님께서 약속하신 땅에 가는 것을 계속
미루다가 결국 하란에서 죽고 말았어요.

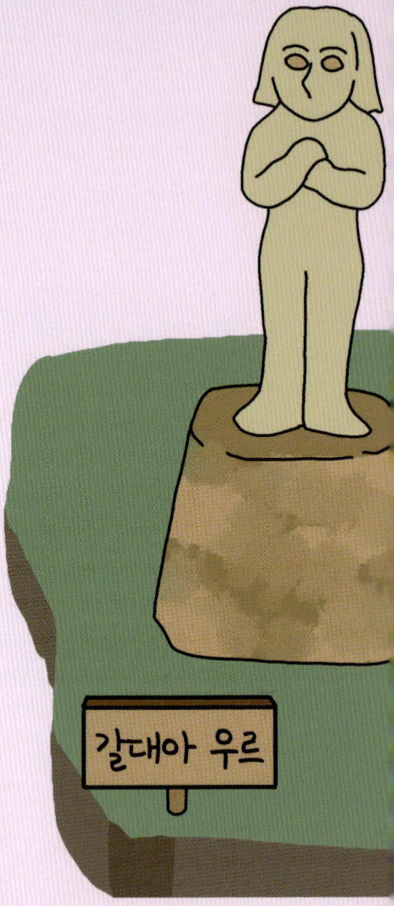

하나님보다 더 좋아하는 것이 있다면
그게 바로 우상을 섬기는 것이에요.
우리는 하나님을 항상 일등으로 생각하는 어린이가 되어야겠어요.

25 말씀을 믿고 잘 전수한 아브라함

- 읽어 보아요 : 창세기 12장 1-5절
- 외워 보아요 : 아브라함은 강대한 나라가 되고 천하 만민은 그를 인하여 복을 받게 될 것이 아니냐 (창 18:18)
- 핵심 가르침 : 하나님의 말씀을 친구들에게도 잘 전해야 함을 알게 합니다.

아브라함은 데라가 70세에 낳은 아들이에요.

원래 이름은 아브람이었는데 하나님이 **아브라함***으로 바꿔주셨어요.

세상은 또 다시 죄악으로 가득 차올랐고,
하나님은 새로운 구원 역사를 위해 데라의 가정에서 아브라함을 부르셨어요.

*아브라함 : 많은 무리의 아버지, 열국의 아버지.

"너는 네 고향과 친척을 떠나라."
아브라함은 하나님의 말씀대로 갈대아 우르를 떠나 하란으로 갔어요.
거기서 아브라함은 노아를 만났고,
그와 함께 살면서 노아의 믿음을 물려받았어요.
세월이 흘러 하나님은 75세가 된 아브라함에게 하란을 떠나라고 하셨어요.
아브라함은 하나님 말씀에 순종해서 하란을 떠나 마침내 **가나안** 땅에 들어갔어요.

하나님께서 아브라함 100세에 약속대로 아들 **이삭**을 주셨어요.

세월이 흐른 후, 하나님께서는 이삭을 번제로 바치라고 명령하셨어요.

아브라함은 망설이지 않고 명령에 순종했어요.

하나님께서는 아브라함의 믿음을 인정하시고

이삭 대신 양을 준비하셔서 번제를 드릴 수 있게 하셨지요.

아브라함은 가나안에서 아들 이삭과 손자 **야곱**을 얻었어요.
"야곱아, 하나님은 한 번 말씀하시면 반드시 이루시는 분이란다."
아브라함은 노아에게 믿음을 물려받았듯이
이삭과 야곱과 함께 살면서 하나님의 말씀을 부지런히 가르쳤어요.

하나님은 믿음을 이어간
아브라함, 이삭, 야곱을 통해 일하셨어요.
우리도 아브라함, 이삭, 야곱과 같은 믿음을 이어받아
하나님의 나라를 이루어가는 어린이가 되어야겠어요.

26 새로운 구원의 시작

- 읽어 보아요 : 에스겔 11장 19-20절
- 외워 보아요 : 너희 속에 착한 일을 시작하신 이가 그리스도 예수의 날까지 이루실 줄을 우리가 확신하노라(빌 1:6)
- 핵심 가르침 : 우리에게 시작하신 하나님의 구속사를 끝까지 이어가야 함을 알게 합니다.

하나님은 선악과를 따먹은 아담과 하와를 에덴동산에서 쫓아내셨어요.

그러나 가죽옷을 지어 입히시고 **여자의 후손**을 약속하셨지요.

죄에서 구원하시려는 일을 시작하신 것이에요.

아담이 타락한 후부터 세상은 점점 죄악으로 가득 찼어요.
하나님을 믿는 사람들도 죄짓는 것을 두려워하지 않았죠.
그러자 하나님은 노아를 통해 **홍수**로 세상 모든 **죄악**을 심판하시고,
새로운 구원 역사를 시작하셨어요.

홍수 심판을 당한 지 100년밖에 되지 않았는데,
어느새 또 죄가 온 세상을 뒤덮어 버렸어요.
노아의 자손 벨렉, 르우, 스룩, 나홀마저도 하나님을 멀리했죠.
데라는 우상까지 섬겼어요.
하지만 하나님은 아브라함을 택하시고 믿음의 아버지로 세우셨어요.
예수님도 아브라함의 자손으로 이 세상에 오셨지요.

하나님의 새로운 구원의 시작은
예수님이 오심으로 모든 사람들에게 허락되었어요.
예수님을 믿고 말씀을 따르는 어린이로서 하나님의
구속 역사를 이어나가는 주인공이 되어요.

구속사 시리즈 어린이 공과 1

창세기의 족보 영유치(0-7세) 이야기책

초판 1쇄 2020년 7월 10일

엮은이 평강제일교회
일러스트 박희영, 황혜연, 이보람, 장혜원, 박윤빈

펴낸곳 도서출판 휘선
주 소 08345 서울시 구로구 오류로 8라길 50
전 화 02-2684-6082
팩 스 02-2614-6082
이메일 huisunpublish@gmail.com

등 록 제 25100-2007-000041호
책 값 20,000원

Printed in Korea
ISBN 979-11-89611-20-0 74230
ISBN 979-11-89611-19-4(세트) 74230

※ 낙장·파본은 교환해 드립니다.
『이 도서의 국립중앙도서관 출판예정도서목록(CIP)은 서지정보유통지원시스템홈페이지(http://seoji.nl.go.kr)와 국가자료종합목록 구축시스템(http://kolis-net.nl.go.kr)에서 이용하실수 있습니다.
(CIP제어번호 : CIP2020028667)』

도서출판 **휘선**

휘선(輝宣)은 예수 그리스도의 복음의 참빛이 전 세계 속에 흩어져 있는 수많은 영혼들에게 널리 알려지고 전파되기를 소원하는 이름입니다.

구속사 시리즈 1
어린이 공과

창세기의 족보

영유치 0-7세 워크북

1 하나님이 주신 세 가지 명령

하나님의 말씀을 잘 기억하기 위해 성경을 읽는 아빠와 아이를 색칠해 보아요.

따라 써 보아요

기억하라

2 하나님의 구속사

십자가에 달리심으로 구원을 이루신 예수님을 생각하며 퍼즐을 맞춰 보아요.

따라 써 보아요

구속사

2과 완성

3 창세기의 족보

족보의 빈 곳에 알맞은 인물 스티커를 붙여 보아요.

따라 써 보아요

족보

4 말씀에 불순종한 아담

'가라사대' 게임을 하며 '순종'이란 무엇인지 생각해 보아요.

[활동 방법]

① 선생님이 "가라사대"라고 말을 했을 때만 그 지시에 따라 행동하는 게임이에요.

예) "가라사대" 오른팔을 들어주세요. - 오른팔을 들어야 해요.

오른팔을 내려보세요. - 내리면 안 돼요.

"가라사대" 양손 들어주세요. - 양손을 들어야 해요.

"가라사대" 양손 반짝반짝 - 두 손을 반짝거려요.

② 어린이가 잘 따라하면 칭찬도 해 주시고, 조그만 칭찬 선물을 주셔도 좋아요.

③ "순종이란 무엇일까?" 서로 이야기해 보아요.

따라 써 보아요

아담

5 회개한 아담

오늘 하루 동안 잘못했던 일들이 있다면 아래 꽃에 적어보고
하나님께 드리는 회개의 기도문을 써 보아요.

기도문

따라 써 보아요

회개

6 가인 자손과 셋 자손의 족보

하나님이 인정하시는 믿음의 자녀가 되려면 어떻게 해야 할지
올바른 길을 따라가 보아요.

따라 써 보아요

선한 길

6과 정답

출발
주일을
잘 지켜요
기도하지 않고
걱정만 해요
날마다
기도해요
주일에
놀러가요
날마다
성경을 읽어요
도착
믿음을 잘
지키고 있네요
계속 지켜나가요

7 하나님을 떠난 가인

하나님이 기뻐하시는 예배를 드리고 있는 어린이를 찾아 동그라미해 보아요.

따라 써 보아요

가인

7과 정답

8 가인의 자손, 에녹과 이랏

무엇이든 예수님 안에서 하기로 결심하며 알맞은 스티커를 찾아 예수님 품 안에 붙여 보아요.

따라 써 보아요

에녹, 이랏

8과 완성

9 가인의 자손, 므후야엘과 므드사엘

예수님과 늘 함께하기로 다짐하며 예수님과 어린이를 색칠해 보아요.

따라 써 보아요

므드사엘

10 가인의 자손 라멕

내 마음을 어떤 것들로 채워야 하나님이 기뻐하실지 알맞은 스티커를 찾아 하트에 붙여 보아요.

따라 써 보아요

라멕

10과 완성

11 아벨 대신 주신 아들 셋

예수님이 오실 길을 튼튼하게 만든 셋을 생각하며
아래 그림을 색칠해 보아요.

따라 써 보아요

셋

12 예배드림으로 믿음의 터를 넓힌 에노스와 게난

주일 예배를 잘 드리려면 어떻게 해야 할까요?
문고리를 만들어 걸어두고 기억해 보아요.

[준비물] 부록, 스티커, 가위

[활동 방법]

① 〈부록〉의 문고리를 오려요.

② 주일 예배를 잘 드리려면 어떻게 해야 할지 스티커를 문고리에 붙이며 이야기해요.

· 교회 가서 예배드려요.

· 성경을 준비해요

· 헌금은 깨끗한 돈으로 준비해요
(깨끗한 돈이 없으면 다리미로 다려요.)

· 예배 시간에 늦지 않아요.

· 이도 깨끗이 닦아요.

· 깨끗한 옷과 신발을 준비해요.

③ 완성된 문고리를 잘 보이는 곳에 걸어요.

〈완성된 모습〉

따라 써 보아요

에노스, 게난

13 찬송하는 마할랄렐, 내려온 자 야렛

마라카스를 만들어 하나님을 찬양해 보아요.

[준비물] 빈 요쿠르트 병 또는 작은 플라스틱 병 2개, 콩이나 쌀 등의 곡물, 사인펜, 가위, 색종이, 셀로판 테이프, 스티커

[활동 방법]

① 요구르트 병 또는 플라스틱 병을 깨끗이 씻어 속에 콩이나 쌀 등을 넣어요.

② 병 입구를 마주 댄 후 셀로판 테이프로 감아서 연결해요.

③ 병의 겉면을 색종이나 사인펜으로 예쁘게 꾸미고,
"하나님을 찬양해요" 스티커를 붙여요.

④ 완성된 마라카스를 흔들며 찬양을 불러 보아요.

①
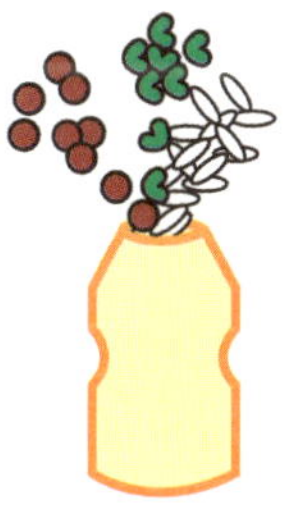

②
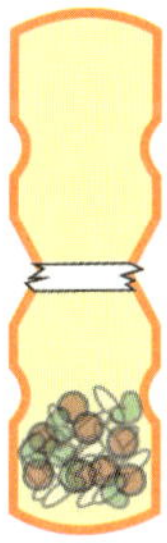

③

④

따라 써 보아요

마할랄렐

14 하나님과 동행한 에녹

발자국을 따라가며 하나님과 동행하는 어린이가 되어 보아요.

[준비물] 부록, 가위, 셀로판 테이프

[활동 방법]

① 〈부록〉의 발자국과 하늘나라 그림을 오려요.
② 오린 발자국은 아래 그림처럼 노란색과 초록색을 옆으로 나란히 붙여요.
초록색이 없어지면 노란색만 붙여요. 하늘나라는 발자국이 끝나는 곳에 접어 세워요.
③ 선생님은 노란 발자국, 어린이는 초록색 발자국 위로 손을 잡고 걸어가요.
노란색만 남은 곳부터 선생님이 어린이를 업고 가요.
④ 이처럼 동행은 늘 하나님과 한 사람처럼 다니는 것임을 기억해요.

①

②

③

따라 써 보아요

에녹

15 가장 오래 산 므두셀라

하트 칸만 색칠하여 므두셀라가 몇 살까지 살았는지 알아보아요.

따라 써 보아요

므두셀라

15과 정답

16 아담과 56년 함께 산 라멕

매일 말씀을 읽고 기도한 후 스티커를 붙여 리스를 완성해 보아요.

[준비물] 부록, 스티커, 가위

[활동 방법]
① 〈부록〉의 리스를 오려 잘 보이는 곳에 걸어두어요.
② 하루에 한 번씩 리스 가운데 있는 요한계시록 1장 3절을 읽고 기도한 후 스티커를 붙여 리스를 완성해요.

따라 써 보아요

셋 자손 라멕

17 의로운 노아

하나님의 말씀을 따라 사는 어린이를 찾아 동그라미해 보아요.

따라 써 보아요

노아

17과 정답

18 방주 지은 노아

동물들을 예쁘게 색칠하고 노아가 지은 방주에 태워 보아요.

[준비물] 부록, 색연필, 가위, 칼

[활동 방법]

① 〈부록〉의 방주와 동물들을 오려내요. 이때 동물들은 띠 모양으로 전체를 잘라요.

② 방주 문의 칼선대로 칼집을 내요.

③ 동물들을 예쁘게 색칠하고 방주 문의 칼집 낸 곳에 집어넣어 봐요.

따라 써 보아요

방주

19 하나님의 이름을 높인 셈

하나님의 이름을 높여 드리는 왕관을 만들어 보아요.

[준비물] 부록, 가위, 풀, 스티커

[활동 방법]

① 〈부록〉의 반씩 나뉜 왕관을 모양대로 자르고 왕관 가운데 있는 사선도 잘라요.

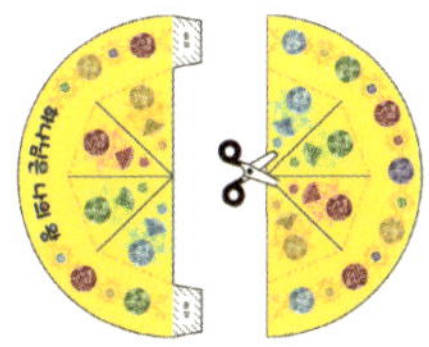

② 오린 왕관의 끝 쪽에 풀칠하여 하나로 연결해요.

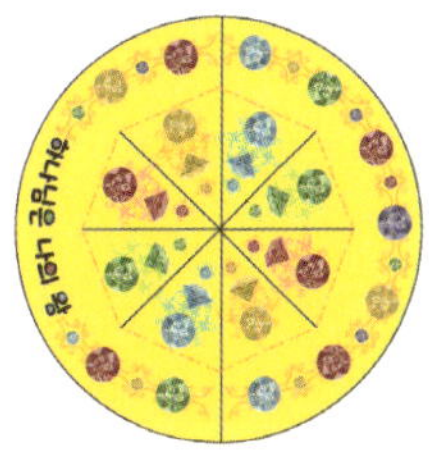

③ 왕관 가운데 잘린 부분들을 밖으로 접는 선대로 접어 세워요.

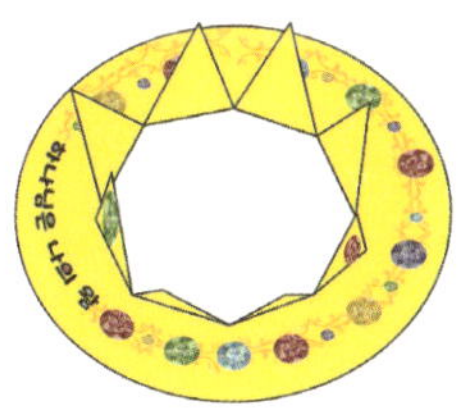

④ "하나님은 나의 왕"을 소리 내어 읽어보고 머리에 써 보아요.

따라 써 보아요

셈

20 믿음의 땅을 넓혀 나간 아르박삿과 셀라

알록달록애벌레를 만들어 친구들에게 하나님의 말씀을 전해 보아요.

[준비물] 부록, 가위

[활동 방법]

① 〈부록〉의 알록달록애벌레를 오리고 점선을 따라 아코디언처럼 접어요.

② 접은 애벌레를 하나씩 펼치며 아래 이야기를 연습해요.

친구야~ 너 이런 애벌레 본 적 있니? 이거 한 번 볼래?

노란 색 : 노란 색은 천국을 말해. 이 천국은 엄청 좋은 곳이야. 근데, 이 천국에 들어가지 못하게 하는 게 있는데 그것은 우리 맘속의 까만 죄야.

검은 색 : 이 까만 죄에서 나쁜 생각과 나쁜 행동들이 나온대. 그리고, 이런 까만 죄가 있는 사람들은 천국에 들어가지 못 한대. 그런데 이런 나의 까만 죄를

빨간 색 : 예수님이 대신 가져가셨다는 거야. 그래서 내 마음의 까맸던 죄가 예수님 때문에

하얀 색 : 하얗게 바뀌었대. 그런데 이런 일은 예수님을 믿을 때 생겨나는 거래. 어때? 너도 나와 같이 예수 믿고 천국 가지 않을래?

③ 애벌레를 항상 갖고 다니며 예수님을 믿지 않는 친구들에게 복음을 전해요.

따라 써 보아요

아르박삿, 셀라

21 강을 건너온 에벨

배를 타고 장애물들을 요리조리 피해 강 건너 교회에 도착해 보아요.

[준비물] 부록, 가위

[활동 방법]

① 〈부록〉의 강 건너기 그림과 말로 사용할 배를 오려요.

② 오려낸 배를 반으로 접어요.

③ '출발' 지점부터 시작해 배를 움직여 강 건너 교회에 가는 길을 찾아봐요.
아래의 장애물은 '미션'을 성공해야 지나갈 수 있어요.

상어, 악어 : 선생님과 가위바위보를 해서 이기면 통과

배, 보트 : 한 발 들고 3초 동안 서 있으면 통과

④ 미션에 실패해도 계속 재도전하거나 다른 길로 갈 수 있어요.

⑤ 미션과 장애물을 통과해 강 건너편 교회에 무사히 도착하도록 해요.

따라 써 보아요

에벨

22 바벨탑을 쌓은 벨렉

하나님 없이 하는 일은 아무 소용이 없다는 것을 기억하며
종이컵을 쌓고 무너뜨려 보아요.

[준비물] 종이컵

[활동 방법]
① 아래 그림과 같이 종이컵을 쌓아요.
② 탑이 완성되면 탑이 쉽게 무너질지 안 무너질지 어린이와 함께 이야기해요.
③ 어린이와 함께 탑을 무너뜨려요.
④ 종이컵 탑이 쉽게 무너지는 것처럼 내가 아무리 열심히 해도 하나님이 없다면
아무 소용이 없다는 것을 기억해요.

따라 써 보아요

벨렉

23 세상을 친구 삼은 르우와 스룩

우리의 특별한 친구가 되어 주시는 하나님을 색칠해 보아요.

따라 써 보아요

르우, 스룩

24 세상이 먼저였던 나홀과 데라

예수님께서 우리 마음에 들어오실 수 있도록 마음문을 활짝 열어 보아요.

[준비물] 부록, 가위, 양면테이프

[활동 방법]

① 〈부록〉의 하트 문을 오려요.

② 안으로 접는 선을 따라 하트 양쪽을 접어요.

③ 하트 뒷면에 양면테이프를 붙여요.

④ 하트를 가슴에 붙이고 하트 문을 열어
우리 마음속에 계신 예수님을 만나보아요.

따라 써 보아요

나홀, 데라

25 말씀을 믿고 잘 전수한 아브라함

이삭과 야곱에게 하나님의 말씀을 들려주는 아브라함을 색칠해 보아요.

따라 써 보아요

아브라함

26 새로운 구원의 시작

창세기의 족보 미니북을 만들고 아담부터 아브라함까지 믿음의 인물들을 되새겨 보아요.

[준비물] 부록, 가위, 풀,

[활동 방법]

① 〈부록〉의 미니북(2장)을 바깥 선을 따라 오려요.

② 밖으로 접는 선과 안으로 접는 선을 따라 접어요.

③ 풀칠하는 곳에 풀을 칠한 후 6대 야렛과 7대 에녹, 13대 셀라와 14대 에벨을 이어 붙여 미니북을 완성해요.

①

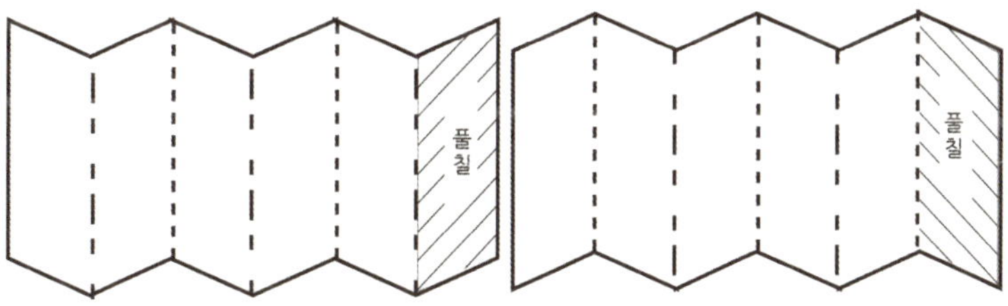

②

따라 써 보아요

구원

부록

2과

12과

14과

14과

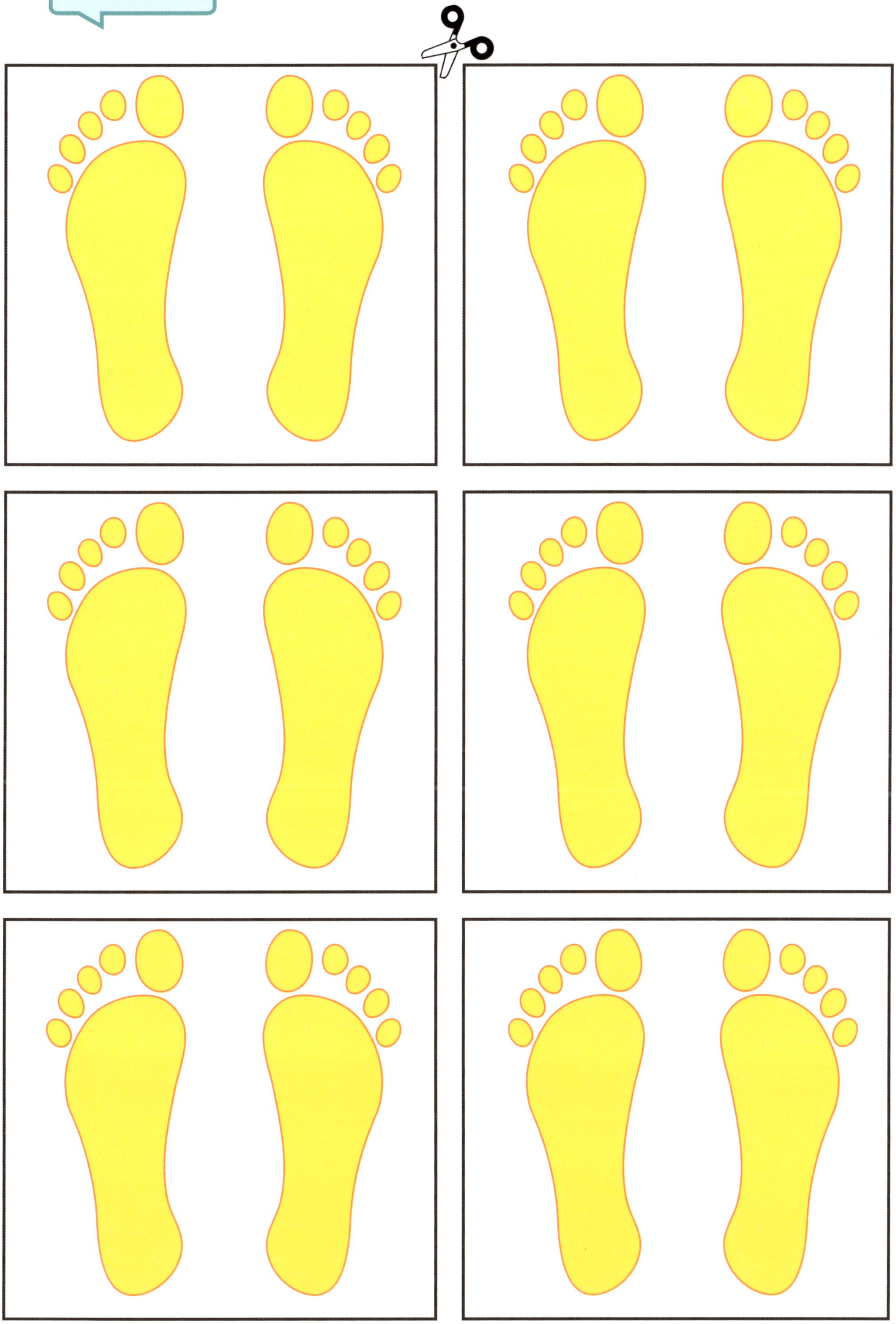

14과

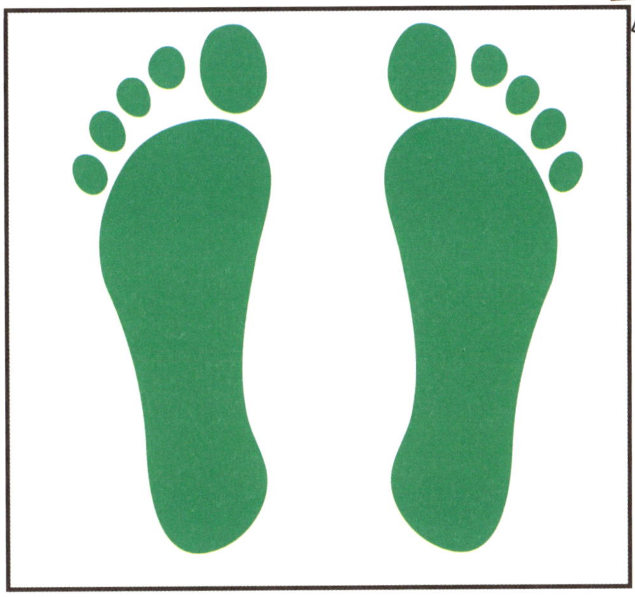

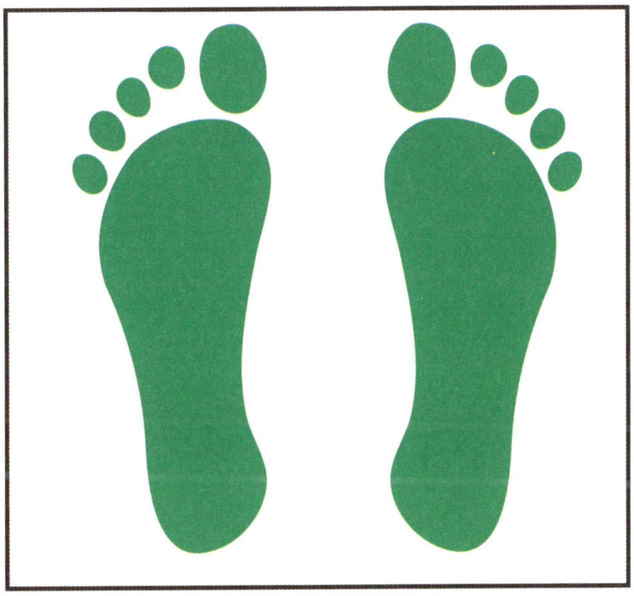

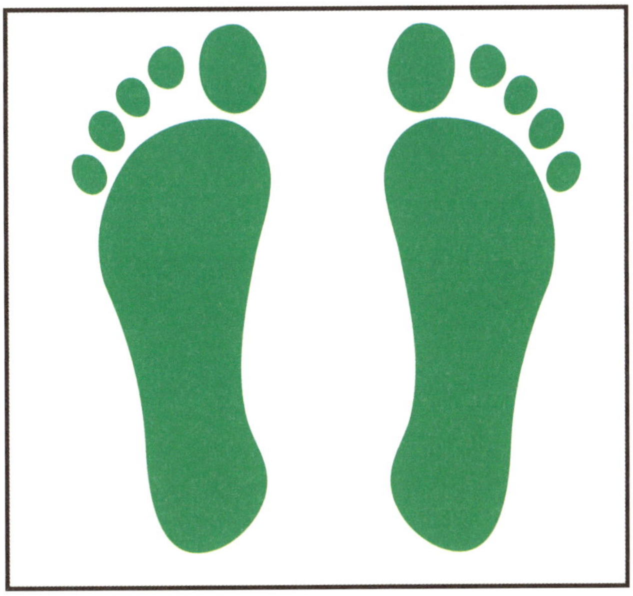

16과

이 예언의 말씀을 읽는 자와
듣는 자들과 그 가운데 기록한 것을
지키는 자들이 복이 있나니
때가 가까움이라
요한계시록 1:3

18과

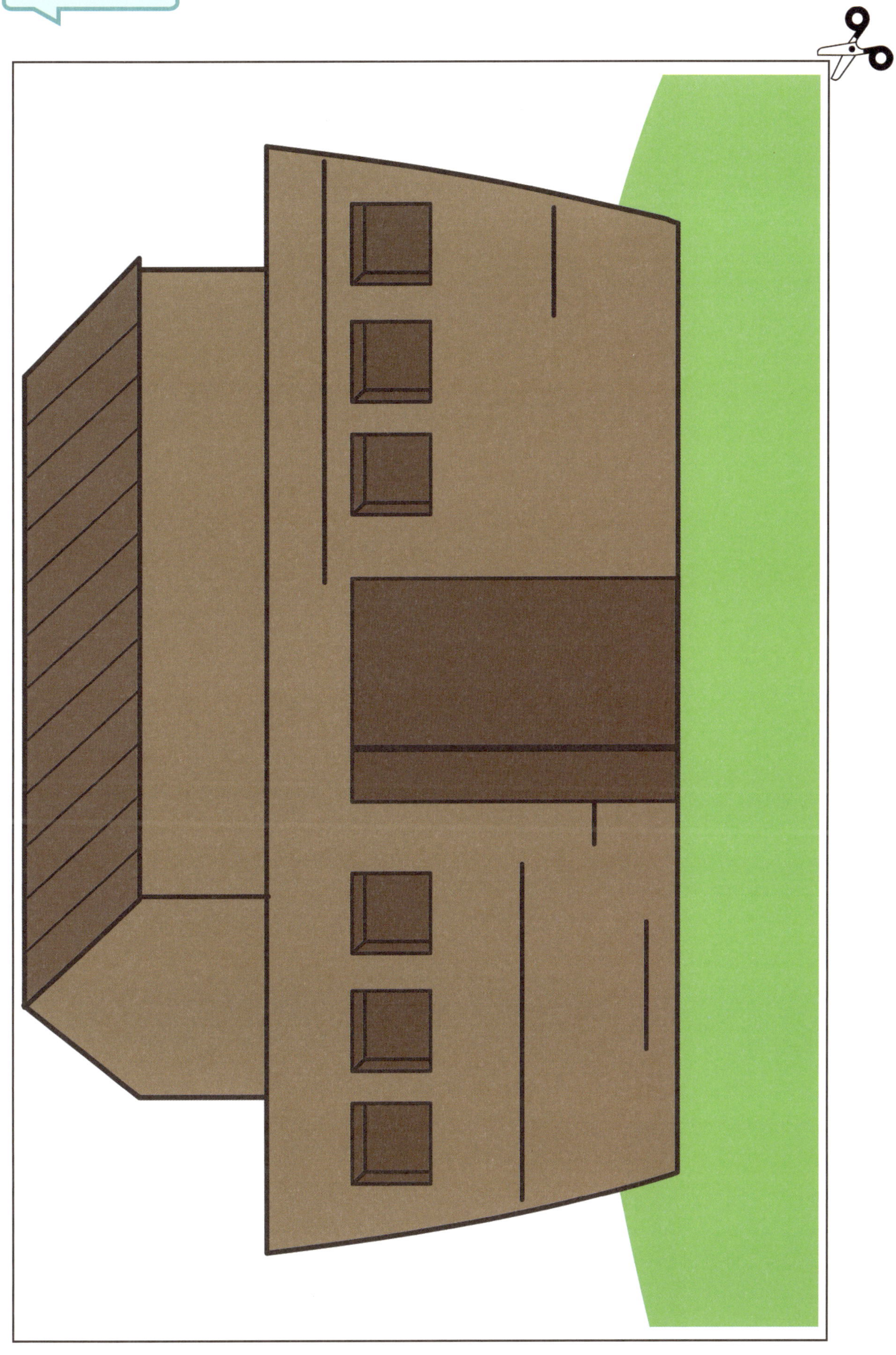

18과

19과

19과

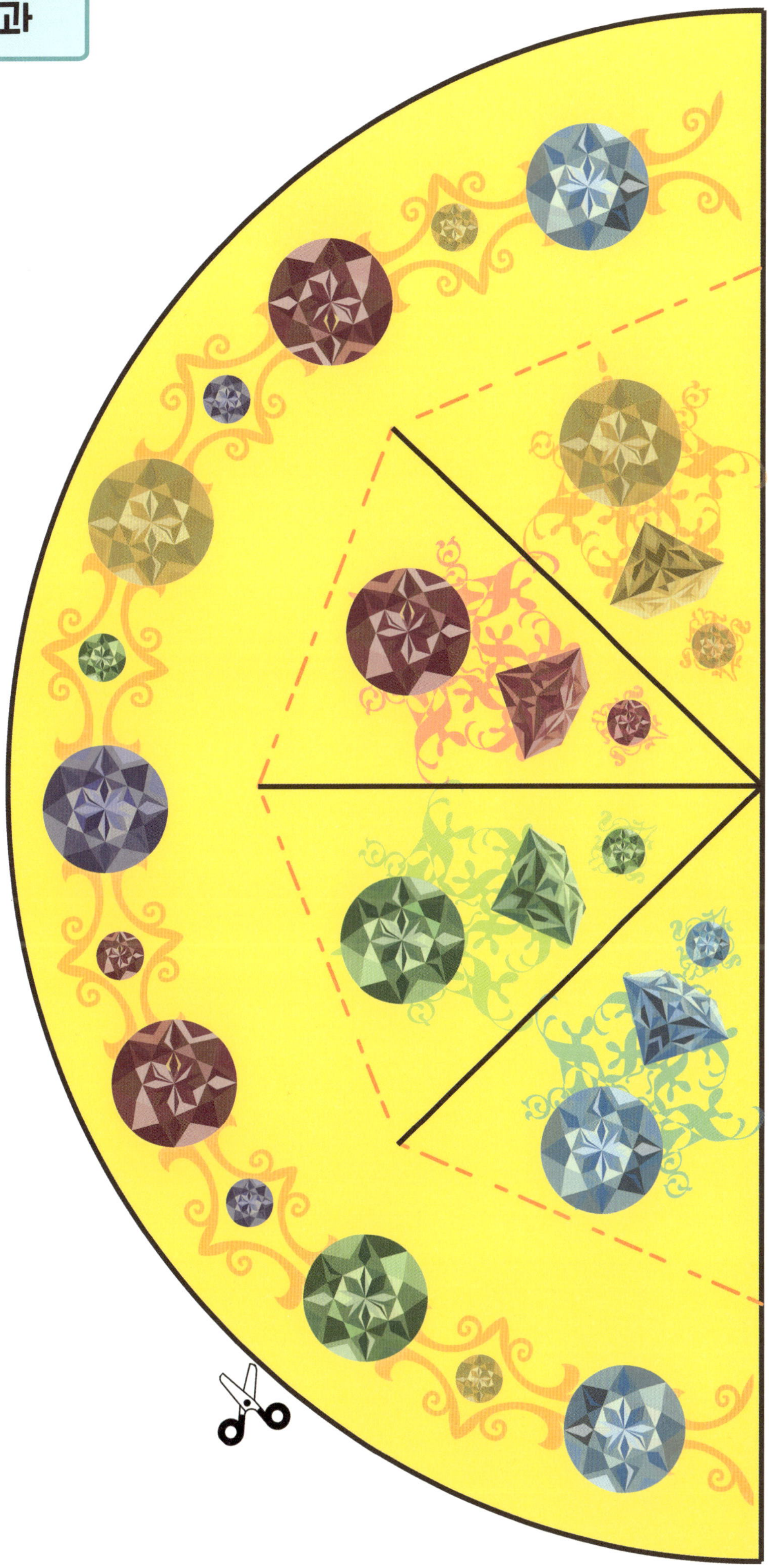

20과

—·—·—· 밖으로 접는 선

— — — — 안으로 접는 선

21과

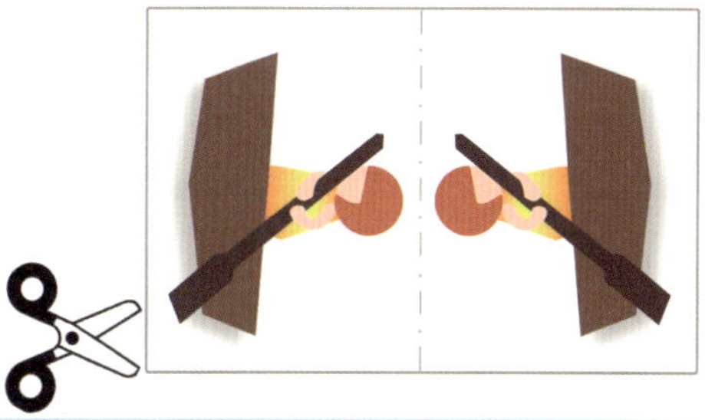

24과

26과

— · — · — · 밖으로 접는 선　　— — — — 안으로 접는 선

26과

10대
노아
11대
셈
12대
아르박삿
룻
4
아르박삿
3
13대
셀라
14대
에벨
풀칠

15대
벨렉
16대
르우
17대
스룩
18대
나홀
19대
데라
20대
아브라함
가나안